सादगी

जीवन की

देवांशी

सादगी' जीवन की काव्य संग्रह लिखने की प्रेरणा एवं शुरुआत अपनी भावनाओं को कलम के ज़रिए पन्ने पे उतरने से हुई है।

कविताएं लिखने की प्रेरणा और सरीखा मुझे अपनी मां से मिलता है, उन्होंने मुझे अपने गुडो से सीचा है जिसके कारण मुझे कविताएं और ये काव्य संग्रह बनाने की शक्ति उत्पन हुई है।

यह काव्य संग्रह जितनी खास मेरे लिए है उतनी ही बाकियों के लिए भी क्योंकि जीवन के हर पड़ाव पे आपको प्रेरणा और हिम्मत देती ये काव्य संग्रह हर किसी के मन में समा जाएगी।

इस किताब को में पूर्ण रूप से अपने मां -बाप को समर्पित करती हु क्योंकि जिन परिस्थितियों का उल्लेख ये काव्य संग्रह करता है उन सब से लड़ने की हिम्मत मुझे अपने माता -पिता से ही आती है।

क्रम-सूची

भूमिका

'सादगी' जीवन की एक आम आदमी की जिंदगी के साधारण परंतु मतवपूर्ण पड़ावों का काव्य संग्रह है। इस किताब का हर एक शब्द सबके जीवन से मेल खाता है। किस प्रकार एक व्यक्ति अपने बचपन से लेकर यौन अवस्था तक किन किन परिस्थितियों से गुजरता है और उनसे बाहर कैसे निकलता है ,उन सबका संकलन प्रस्तुत करती ये किताब हर किसी के जीवन में घुल मिल जाने की शक्ति रखती है।

यह काव्य संग्रह लिखने की प्रेरणा हमारे दैनिक जीवन में चल रहे अनेक कार्यक्रमों से आती है, किस प्रकार क्या विचार मन में उत्पन होते है जब भी हम अपने जीवन के नए पड़ाव में कदम रखते है उन सारी स्थितियों को दर्शाता है। सामान्य रूप से चल रही जिंदगी में उथल पुथल की हर परिस्थिति में खुद को कैसे संभालना है और खुद के लिए खुद से किस प्रकार रोज लड़ना है सबकी प्रेरणा ये कविताएं देती है |

1. बचपन

बात करू यदि बचपन की ,
परछाई है ये खुशियों के दर्पण की।
चिंता कभी न हुई किसी के मन की, खिलौनों से आगे बढ़ी
न दुनिया अपनेपन की।
गुस्सा और डांट सिर्फ माप - बाप का सहना था ,
छोटी सी वो दुनिया, घर से स्कूल - स्कूल से घर में ही
रहना था।
हमारी ज़िद के आगे कोई बोल दे, ऐसे कहां किसी की
हिम्मत थी।
परछाई है ये बचपन खुशियों के दर्पण की।
पहले स्कूल जाने से डरना,
और फिर स्कूल से वापिस न आने का मन करना ।
हर रोज की यही कहानी थी,
उत्सुकता होती जो मम्मी के पास बैठ सारी बात बताने की,
पापा को स्कूल की सारी कहानी सुनाने की
वही देती है बचपन को दर्जा खुशियों के दर्पण की
घर से शुरू हुई जो दुनिया, बाहर इतनी निकली।
पेंसिल संभालने को ज़िमेदारी समझते,
पता नहीं था की आगे आएंगे मौके,
खुद को संभालने के जरूरत की।
याद रखना परछाई है ये बचपन खुशियों के दर्पण की।

सीखा जो कुछ भी बचपन में,

थाम गया वो साथ ज़िंदगी भर का ,
खिलौनों से लेकर किताबो तक ,
है ये बात मासूमियत के पूर्ण समर्पण की,
क्योंकि परछाई है ये बचपन खुशियों के दर्पण की।

2. हम बड़े हो गए,

हम बड़े हो गए,
बकियां चलते - चलते पैरो पे अपने खड़े हो गए।
हम बड़े हो गए
मां के आंचल से निकल कर पापा के संस्कार सीख गए,
नफरत का नहीं है कोई सरोकार सीख गए,
मन बहलाने के तरीके हजार सीख गए।
हम बड़े हो गए
धीरे -धीरे अपने पैरो पे खड़े हो गए।
मुसीबत में भी हंसना सीख गए,
दिलों में हम बसना सीख गए,
नही किसी के झांसे में फसना सीख गए,
हर परिस्थिति के लिए कमर कसना सीख गए।
हम बड़े हो गए ,
पैरो पे अपने खड़े हो गए।
हम बड़े हो गए

3. जेठ की रात

जेठ के वो रात सुहानी, पसीना चू रहा बदन से जैसे पानी ।
लेटे चारपाई पे, रखे हुए है आसमान की ओर निगरानी।
ये तारो की जिल्मिलाहट है अनोखी,
कोई देख मुस्कुरा रहा मुझे ,
तो कोई खेल रहा आंख मिचौली।
अमावस के ये रात अलग है।
कहना चाहती कुछ बात अलग है।
समझा रही शायद के आज अंधेरा है जरूर,
मगर कल की शुरुआत अलग है ।
जेठ के वो रात सुहानी, पसीना चू रहा बदन से जैसे पानी ।
लेटे चारपाई पे, रखे हुए है आसमान की ओर निगरानी।
कल फिर पूर्णिमा आयेगी , चारो ओर रोशनी छाएगी।
मगर ये अंधेरे का सुकून, मन में शांति का जुनून,
तारो को देख ये दिलों दिमाग में उठा अफलातून।
फिर अमावस की रात वो लानी।
लेटे चारपाई पे, रखे हुए है आसमान की ओर निगरानी।
देख आसमान को जो सो जाऊं में यहा,
इस से ज्यादा अच्छी नीद कहा ,
तारो की और तो देखो वहा ,
नजर ही टिक जाए जहा।
लगे ये दृश्य हर किसी को मनभाविनी।
जेठ की वो रात सुहानी।
लेटे चारपाई पे, रखे हुए है आसमान की ओर निगरानी।

4. चाहते जिंदगी की

कुछ चाहते कुछ मांगे है जिंदगी की,
जाने किस मुकाम पे ले आए ये बंदगी की।
माता पिता के आशीर्वाद से ,
दृढ़ निश्चय की बोरी लाद के,
जीना है जिंदगी बड़ी सादगी से।
कुछ चाहते कुछ मांगे हैं जिंदगी की,

भाई बहन का प्यार है,
दोस्तो की भरमार है,
टोली बने रहे यूंही अतरंगी सी।
कुछ चाहते कुछ मांगे है जिंदगी की,
चलता रहे ये जीवन खुशहाल सा,
हस्ते हस्ते मुख देखू में काल का,
मरते दम तक हाथ न छूटे साथी संगी की,
कुछ चाहते कुछ मांगे है जिंदगी की,
जाने किस मुकाम पे ले आए ये बंदगी की।

5. त्यारी के दिन

कर बुलंद ये हौसला , कामयाबी पाने के अब बारी है।
आखिरी दिन है,
गर मान ली हार, तो बेकार तेरी सब तैयारी है।

मेहनत करी है तूने इसके पीछे ,
डरना ही क्यू?
जब जानते है की ये कामयाबी हमारी है।
दूसरे किसी का हक नहीं इसपे, जब अपनी जान तूने इसमें
डाली है।
कर बुलंद ये हौसला , कामयाबी पाने के अब बारी है।
हा रूकावटे आएंगी मुश्किलें डराएंगी,
उनका भी हाथ थाम के तू बढ़ जा आगे ,
बात तेरे परिवार की आशाओं और तेरी सुखकारी की है।
कर बुलंद ये हौसला , कामयाबी पाने के अब बारी है।
चंद दिनों के बात है डाटा रह तू प्यारे,
फिर दिखा दे जमाने को इस बार बाजी तूने मारी है ।
कर बुलंद ये हौसला , कामयाबी पाने के अब बारी है।

6. त्यारी के दिन- 2

अंधेरे से निकल कर तू उजाले में चल,

ख़ुद के बल पे ,

नही ,किसी के सहारे पे चल ।

अंधेरे से निकल कर तू उजाले में चल,

चाह बना ले ऐसी अपने मुकाम तक पहुंचने की,

क़िस्मत भी कहे ले सारी तर्की मैंने तेरे हवाले की चल।

अंधेरे से निकल कर तू उजाले में चल,

जान दे दे अपने लक्ष्य को पाने के लिए ,

फिर किसी शांत ठिकाने पे चल ,

चल अपने आशियाने पे चल ।

अंधेरे से निकल कर तू उजाले में चल,

बात किसी की सुन , किसी की मान, किसी की टाल ।

दिल पे हाथ रखे, मन में विश्वास रखे ।

अपने ही बनाए रास्ते पे चल,

अंधेरे से निकल कर तू उजाले में चल,

जीने के अंदाज को नया बनाने को चल,

उदास चेहरे को छुपाने नही मिटाने को चल,

खुशी ज़िंदगी की तू पाने को चल ,

अंधेरे से निकल कर तू उजाले में चल।

7. हौसले की उड़ान

बैठ झरोखे पे परिंदा ,
सोचता है क्या भरू उड़ान ?
फिर देख हवा का रुख घबराता और कहता,
नही करूंगा मैं ये काम ।
सोच परिंदे की अटक गई।
हवा जो रुक गई तो क्या करूंगा ,
पंखों ने दिया धोखा तो क्या करूंगा ,
गिरा जमीन पे और लोग हसेंगे तो क्या करूंगा ,
पर जब धरती पे आया ही ये करने को में,
तो भला क्यूं ना मैं ये करूंगा ।
हवा जो रुक गई तो पंखों की मदद लूंगा ,
पंखों ने दिया जो धोखा तो हौसले की उड़ान मैं भरूंगा ,
गिरा जमीन पे तो फिर उठ खड़ा होऊंगा और अपनी
कामयाबी की उड़ान फिर से शुरू करूंगा ।
अब चाहे आंधी भी आ जाए , मैं नहीं रुकूंगा |
खोल पंख उड़ूंगा ऐसे बाकी दुनिया भी चलना चाहे मेरे पीछे
जैसे।
कह के परिंदा उड़ चला नील गगन की गहराई को छूने ,
उड़ता फिरता चारो तरफ, पूरे आसमान में वो मजे से घूमे।

8. निकले घर छोड़

निकले घर छोड़ , नए मुकाम पाने को ।

क्या पता था खो देंगे अपने आशियाने को।

मुस्कान थीं चेहरे पे हमारे,

खिलखिलाहट थी दिलों में प्यारे,

शायद इसलिए नहीं दिखा,

पापा के आसू और मां की पुकारे।

शुरुआत तो हुई थी अच्छी,

मन बहुत लगा था सच्ची।

मगर अब नहीं है कोई डांट के बुलाने को

बुखार में सिर सहलाने को,

हर बार गरम खाना खिलाने को,

कोई नही , सहना तो होगा ही इतना

क्योंकि निकले जो है घर छोड़ , एक नए मुकाम पाने को ।

ये नया ठिकाना भी अच्छा है,

शायद इसलिए क्योंकि यहा पे हमारे जैसा है , हर एक बच्चा है।

मगर कोई नही है यह , पापा जैसे बिन मतलब के चुटकुले सुनने को,

याद कर रहे में मम्मी के घर साफ करने वाले ताने को,

निकले घर छोड़ , नए मुकाम पाने को ।

क्या पता था खो देंगे अपने आशियाने को।

फिर भी जिंदगी का ये सफर तो देखना ही था ,

आज नहीं तो कल जीवन की किताब का ये पन्ना भी

खुलना ही था ,
चलो कैसे भी अपना लिया हमने अपने नए ठिकाने को
लेकिन नहीं पता था खो देंगे अपने आशियाने को।

9. प्यार भरी बरसात

भींगे मौसम के तराने लिए , एक दूसरे के सिरहाने लिए
चलो करें कुछ बात ,
हम तुम और ये खूबसूरत बरसात।
बूंदों की भी सुनेंगे आवाज,
ज़मीन पे पड़ता इनका शोर लगता है कुछ खास,
हम तुम और ये प्यारी बरसात।
एक दूसरे के प्यार भरे ठिकाने लिए, पत्तो पे गिरती बूंदों से
तराने लिए।
चलो करे कुछ शुरुआत ,
हम तुम और ये हसीन बरसात।
गीली मीठी की भीनी खुशबू का अहसास,
इस बारिश में तुम्हारे साथ नाचने का मन है आज ,
मगर फिर भी,
पास बैठो , मिलकर देखे ये खूबसूरत बरसात।
आंखो में इस बारिश के नजारे लिए, एक दूसरे की बाहों के
सहारे लिए।
चलो सुकून भरा एक दिन गुजरे आज,
हम तुम और ये प्यारी बरसात।
आओ देखे ये प्यारा एहसास ,
हम तुम और ये खूबसूरत बरसात।

10. सुकून की तलाश

वजह मत पूछो बस सुकून चाहिए।

तुम्हारी बाहों का पहरा ,

और आंखों पे असर गहरा ,

पूरी रात बाते और तुम्हे हमारी मौजूदगी मालूम चाहिए।

वजह मत पूछो बस सुकून चाहिए।

जिंदा है मगर जीने का फितूर चाहिए,

प्यार जरूर , मगर नही मोहब्बत का जुनून चाहिए।

परेशान नही हु मगर फिर भी तुम्हारी मौजूदगी बदस्तूर चाइए।

वजह मत पूछो बस सुकून चाहिए ।

कड़कती ठंडी में मेरे पैरों को तुम गरमाहट दे दो।

शाम के चाय में साथ और बातों में मिठास दे दो।

बाते नही मन को समझो,

और जब भी तुम्हे देखूं छोटी सी मुस्कुराहट दे दो।

हमारे चेहरे की ओर तुम्हारी आंखे टिकी चाहिए ।

वजह मत पूछो बस सुकून चाहिए।

लगातार बातें करने की इज़ाजत दे दो,

पास जो आऊ तुम्हारे तो स्वागत दे दो।

दूर जो जाऊ अगर तो खिलाफत दे दो।

कड़कती ठंडी में पैरो को मेरे गरमाहट दे दो।

देखूं जो गर तुम्हे तो प्यारी सी मुस्कुराहट दे दो।

साथ बैठो दिन की सारी बातें तुम्हे भी तो होनी मालूम चाहिए ,

वजह मत पूछो बस सुकून चाहिए।
तुम्हारे दिल के छोटे से कोने में जगह,
मन के एक किनारे में रहने की वजह ,
रोज तुमसे बात करने की सजा ,
छोटी छोटी ख्वाइशों पे तुम्हारी रजा ,
इतनी सी चीजे और नही कुछ नया रसून चाइए।
वजह मत पूछो बस सुकून चाहिए ।

11. एक वक्त की सोच

रात की काली घाटा मे ,
नीले समुन्दर के सामने ।
सोच रही थी मैं बैठे बैठे ,
ना जाने कब कौनसा मोड़ आ जाए, ज़िन्दगी के इस राह
मे।

चाहु बस में इतना ,
मिले सलीका जीने का हर उस कांड से ,
जो कर रहे हैं हम बस जीने के नाम पे ।
हर कोई आ जाए कुदरत की फनाह में
सोच रही मैं बैठे बैठ यही,
नीले समंदर के सामने।
चाहु बस में इतना ,
किसी के चेहरे पे मुस्कुराहट लाने का काम मिले ,
देख उस मुस्कुराहट को दिल को मेरे आराम मिले ।
खुशियां बेखेरू में हर किसी के जीवन की इस राह में,
सोच रही मैं बैठे बैठ यही,
नीले समंदर के सामने।

चाहु बस में इतना ,
धरती माँ का उधार चुका सकू ,
हर तरह की बुराई से उन्हें मैं बचा सकू ,
जीवन के इस सफर में गलती ना कोई हो जाए,

और जो गलती हो भी जाए तो सुधरने पे वो सीख बनकर
उभर आए ।
मांगू यही मन्नत में हर मंदिर , दरगाह में।
कौन जाने कब कौनसा मोड़ आ जाए, ज़िन्दगी के इस राह
मे।

12. जीवन का सार

जिंदगी की कश्ती में सवार,
अनचाही सी नौका विहार।
ज़िंदगी को जोड़ती हूं समुद्र से आज,
कुछ अनकहे से अनसुने से अल्फाज।
लहरे उठती है जब , मन विचलित होता है तब।
समझ नही आता कैसे होंगी ये पार,
कुछ चुने से पहले ही देह जाती है।
कुछ सिखा जाती जीवन का सार।।
जिंदगी की कश्ती में सवार,
अनचाही सी नौका विहार।
बड़ी -बड़ी जहाजों को देख,
मन कहता उन पे होने को सवार।
पर कुछ हुआ एहसास,
की सुख और शांति की प्रतिमा है ये नौका विहार।।
कुछ जीवो से दोस्ती होती,
कुछ से होता प्यार ,
कुछ मदद करते आगे बड़ने में,
कुछ खींचते नीचे हर बार।
जिंदगी की कश्ती में सवार,
अनचाही सी नौका विहार।

13. अंत ही आरंभ है

अंत ही आरंभ है,
ये तो बस प्रारंभ है।
अंत से क्यूं घबराता तू,
खुद से ही सब बतलाता तू।
एक पड़ाव है जिंदगी का,
तू खुद ही वजह बन तेरी हर खुशी का।
हर मुकाम अब तुझे पाना है,
करना अपने मन की है
चाहे हो जाए ये पूरा ज़माना बेगाना है।
गिरो कितना भी परंतु उठाना है अपने भार को फिरसे,
पूरे मन से करना नया सुभारंभ है,
क्योंकि अंत ही आरंभ है,
हर पल को जी भर के जी लो प्यारे,
करो ना गलती कोई ऐसी , हो जाए पछतावे की बुखारे।
और सुधार की हर गुंजाइश को रखना तुम्हे आपने संग है।
यही उत्सुकता भरा तुम्हारा यौवनारंभ है,
क्योंकि ये तो बस प्रारंभ है।
अंत ही आरंभ है,
प्रारंभ है ये जिंदगी का ,
प्रारंभ है ये नई खुशी का ,
आरंभ है ये तुम्हारी नई दुनिया का ,
छूट गया खिताब वो छोटी मुनिया का।
अब बनना प्रंतिष्टम्भ है,

क्योंकि अंत ही आरंभ है,
ये तो बस प्रारंभ है।

www.ingramcontent.com/pod-product-compliance
Lightning Source LLC
Chambersburg PA
CBHW022044150726

47990CB00004B/1609